SOCIÉTÉ LIBRE DE L'EURE

(SECTION DE L'ARRONDISSEMENT DE BERNAY)

LE BAN

ET

L'ARRIÈRE-BAN

DANS LES ÉLECTIONS DE BERNAY & DE LISIEUX

ET LA

DÉFENSE DES CÔTES NORMANDES

En 1703

Par Gustave A. PREVOST

BERNAY

IMPRIMERIE VEUVE ALFRED LEFÈVRE

Mlles J. et A. LEFÈVRE, successeurs

1888

(2)

SOCIÉTÉ LIBRE DE L'EURE

(SECTION DE L'ARRONDISSEMENT DE BERNAY)

LE BAN

ET

L'ARRIÈRE-BAN

DANS LES ÉLECTIONS DE BERNAY & DE LISIEUX

ET LA

DÉFENSE DES CÔTES NORMANDES

En 1703

Par Gustave A. PREVOST

BERNAY

IMPRIMERIE VEUVE ALFRED LEFÈVRE

Mlles J. et A. LEFÈVRE, successeurs

1888

SÉANCE DU 8 AVRIL 1888

TENUE

Sous la Présidence du Duc de BROGLIE

LE BAN ET L'ARRIÈRE-BAN

Dans les Élections de Bernay et de Lisieux

ET

La Défense des Côtes Normandes

En 1703

Les archives départementales de l'Eure se sont enrichies, il y a quelques années, d'une masse énorme de documents de toute nature et du plus haut intérêt, conservés jusque-là au chartier du château du Champ-de-Bataille, et provenant des archives de la grande famille des d'Harcourt, dont un membre, le marquis de Beuvron, avait, à la fin du XVIIe siècle, rempli les fonctions de lieutenant général du roi au gouvernement de la Haute-Normandie.

On y rencontre, notamment, des lettres des ministres, une correspondance avec les divers fonctionnaires, des ordres, des instructions, des pièces de toute sorte relatives à la levée, à l'organisation et à l'équipement de toute une armée improvisée, vraie *landwehr* ou *armée territoriale*, qui, durant la dernière période du règne de Louis XIV, alors que l'Europe entière se coalisait contre la France, dut renforcer les troupes régulières et les suppléer dans la défense des côtes maritimes.

Alors tous les yeux se fixent avec anxiété sur les points

où portent les efforts de la guerre, où se joue la destinée des nations. L'esprit suit, haletant, Boufflers tenant tête à Marlboroug dans les Pays-Bas ; Catinat opposé en Italie au Prince Eugène, et Villars faisant la campagne d'Allemagne de concert avec l'Electeur de Bavière.

Bien que moins captivant, le spectacle de l'effort que fit la France à l'appel du grand roi pour défendre le sol de la patrie n'est pas cependant sans un réel intérêt.

En Haute-Normandie, par exemple, le gouvernement de Louis XIV organisait un système de défense qui appelait aux armes le pays tout entier, sous les trois grandes divisions

Des Milices Provinciales,

Des Capitaineries garde-côtes,

Et enfin du Ban et de l'Arrière-Ban.

Que toutes ces mesures fûssent nécessaires comment en douter ? Comment ne pas voir que c'est peut-être à elles que l'on doit d'avoir échappé à une descente de la flotte Hollandaise en Normandie, alors que les navires ennemis rôdaient sur nos côtes donnant la chasse aux bateaux de pêche, comme le prouve la lettre suivante, adressée par le ministre de la marine Pontchartrain au marquis de Beuvron, lieutenant général du roi au gouvernemenent de Normandie :

On m'escrit que les corsaires Flessingois qui se sont approchés de Dieppe pour enlever les pescheurs de cette ville en ont fait échouer un à une lieue et demie de Dieppe dans un lieu nommé la vallée de Seine (Scie) qu'ils ont ensuite envoyé des chaloupes pour le piller et que cela ne serait pas arrivé si il y avait eu du monde dans le corps de garde de ce lieu, mais qu'il n'y avait en ce temps qu'un homme qui avait un mousquet qui n'estait pas chargé ; j'ai cru devoir vous faire part de cet avis afin que vous ayez agréable de donner sur cela les ordres que vous jugerez à propos pour faire garder ce poste.

A Versailles, le 15 novembre 1702.

PONTCHARTRAIN. (1)

---

(1) Archives Départementales de l'Eure ; *Chartrier du Château du Champ-de-Bataille et de la Seigneurie du Neubourg.* — Tous les documents cités dans cette notice sans que la provenance en soit indiquée, ont été puisés à la même source.

Ce serait m'éloigner de l'objet de cette communication et l'étendre outre mesure que d'exposer le mécanisme de la création et de l'organisation des Milices et des Capitaineries. Et cependant, que de détails intéressants et nouveaux pour beaucoup de personnes, dans les mille mesures que nécessite une levée en masse, une organisation sage et raisonnée de la défense nationale, respectueuse des intérêts de chacun et cherchant à les concilier avec les nécessités de la protection du pays ! Ne lirait-on pas avec quelque plaisir des lettres comme celle-ci, où l'on voit le grand roi, plein de sollicitude pour le paysan des villages maritimes, lui donner le droit d'élire, lui-même, les officiers inférieurs sous les ordres desquels il doit monter la garde sur les points de nos côtes accessibles à l'ennemi :

S. M. veut estre aussy informée de quelle manière on choisit les capitaines des paroisses sujettes à la garde côte. Elle a sceu qu'en plusieurs endroits ces places se donnaient à des gens qui s'en servaient pour piller les paysans ; elle a ordonné en ces endroits que les nominations se feroient par les habitans mesme auxquels le commandant de la province donnerait le droit de s'assembler et que ceux qui seroient par eux choisis seroient pourveus par ledit commandant.

A Versailles, le 8 novembre 1692.

PONTCHARTRAIN.

J'espère un jour entreprendre ce travail et publier ces documents ; mais, je demande encore la permission de citer aujourd'hui un passage d'un rapport adressé au roi, au nom du marquis de Beuvron, en 1704, et rendant compte de ce qu'il avait fait l'année précédente dans l'étendue de son gouvernement. Après avoir exposé qu'il avait mis sur pied neuf régiments de milice et formé douze compagnies de capitaineries garde-côtes, il continue :

« ..... Les neuf régimens de milice qui ont esté levées en haute Normandie dans le département de M. le marquis de Beuvron sont de douze compagnies chacun et de 50 hommes par compagnie. Chaque régiment fait 600 hommes et les neuf régimens font 5.400 hommes non compris les officiers. Il y a à chaque régiment un colonel, un lieutenant-colonel, un major, un ayde major, douze capitaines et douze lieutenans qui ont tous des commissions de la cour.

» Le soldat est armé d'un bon fusil, d'une bayonnette, avec le porte-bayonnette de buffle, un fourniment avec le cordon et la charge.

» Huit de ces régimens sont pris depuis le gouvernement du Havre bordant la rivière de Seyne et la forest de Lyons jusqu'à la mer, revenant par le duché d'Aumale et le comté d'Eu. Les plus éloignés n'ayant que deux jours de marche jusqu'à la mer. Le neuviesme régiment est pris de l'autre costé de la rivière de Seyne pour garder la coste du costé de Honfleur depuis la rivière de Rille jusqu'à celle de Dive et n'est éloigné que de six lieues jusqu'à la coste.

» Ces neuf régimens sont disciplinés et font l'exercice comme les troupes reglées sans qu'il en aye rien cousté au roy jusqu'à présent.

» Tous les officiers qui composent ces neuf régimens sont gentilshommes dont la pluspart ont servy.

» Il y a outre cela douze capitaineries garde costes qui sont composées, suivant l'ordonnance du roy, des villages qui sont à deux lieues du bord de la mer dans les terres. De ses (*sic*) douze capitaineries il y en a huit qui occupent le terain de la coste qui est depuis Fescamp jusqu'au Tréport, et les quatre autres occupent celuy qui est depuis la rivière de Dive jusqu'à Honfleur.

» Quoique la totalité des habitans de ces villages qui composent les dites capitaineries soient obligés, par l'ordonnance, de faire la garde à la coste, M. le marquis de Beuvron a jugé à propos pour le bien du service et le soulagement des habitans de ne prendre, par village, qu'un nombre d'iceux des plus ingambes, depuis l'âge de dix-huit ans jusqu'à quarante, dont on a composé des compagnies de cent hommes qui sont commandés par des gentilshommes dont la plupart ont servy et qui sont aux ordres du capitaine commandant la capitainerie.

» Les détachemens de ses (*sic*) douze capitaineries font 8,000 hommes tous bien armés d'un bon fuzil, d'une bayonnette avec le porte-bayonnette de buffle, le fourniment avec le cordon et la charge. Ces soldats sont disciplinés et font l'exercice comme les neuf régimens et sont aussy bien armés.

» Les neuf régimens et les douze capitaineries composent 14,000 hommes compris les officiers, bien armés et en estat de servir.

» Le gouvernement du Hâvre, outre cela, fournit 4,000 hommes en quatre capitaineries garde costes par détachemens de compagnies de cent hommes armées et disciplinées comme les régimens ; et outre cela ses (*sic*) capitaineries fournissent dix compagnies de dragons de cinquante hommes chacune bien montés et bien armés commandés par des gentilhommes qui ont servy.

» Il est à remarquer que touttes ces milices ne coustent rien au roy et que par le bon ordre que M. le marquis de Beuvron y a porté elles sont très peu à charge aux habitans, et que toutte la dépense que M. le marquis de Beuvron a fait faire au roy depuis le commencement de ceste guerre pour la garde de ses costes ne se monte qu'à 23,683 livres pour la subcistance des huit régimens qui ont cantonné aux environs de Dieppe pendant les mois de juin et de juillet de l'année 1703 pendant lequel temps les officiers n'ont esté payés que sur le pied de la paye de campagne avec laquelle il n'est pas possible qu'ils puissent subcister ; ce qui leur a donné un grand dégoust de manière que sy le roy n'a la bonté de les faire payer sur le pied de la paye de garnison lorsqu'ils serviront, il ne sera pas possible de les obliger à servir comme ils ont fait la campagne dernière..... » (1)

Mais j'ai hâte de signaler les documents relatifs à la levée du ban et de l'arrière-ban, dans lequel les nobles des Elections de Bernay et de Lisieux ont figuré avec les autres nobles de la province, alors que de 1693 à 1703, presque chaque année, on les convoquait, et on les appelait à venir dans les environs de Dieppe, se joindre aux autres escadrons de la noblesse normande.

Chaque année, le marquis de Beuvron, lieutenant général au gouvernement de la Normandie, faisait afficher (2) dans les principales localités, et distribuer partout où il était nécessaire un placard imprimé conçu à peu près dans les termes de celui-ci :

De par le Roy, le Marquis de Beuvron, chevalier des ordres du roy, lieutenant général de ses armées et au gouvernement de Normandie, etc.

Ayant reçu les ordres du roy pour faire assembler la noblesse des baillages de Rouen, Caux, Gisors et Evreux et la faire marcher sur les côtes de la mer pour s'opposer aux ennemis et défendre le païs si ils y voulaient faire quelque entreprise, et sa Majesté nous ayant fait sçavoir ses intentions qu'attendu que la dite noblesse reste et ne sort point de son propre païs nul ne peut légitimement prétendre d'être exempt de ce service y étant obligé non seulement par devoir, mais encore par honneur et pour leur propre intérest. Nous ordonnons à tous les gentishommes desdits bailliages de Rouen, Caux, Gisors et Evreux de se tenir prêts et en état convenable et de porter ou envoyer dans le vingtième de ce mois leurs déclarations aux sieurs lieutenans généraux des dits baillages auxquels nous enjoignons de les recevoir et de tenir des registres fidèles, même de ceux qui seront hors d'état de servir et qui prétendront avoir des excuses légitimes de s'en dispenser, des roturiers possesseurs de fiefs, des veuves et tuteurs des mineurs et généralement de toutes les personnes sujettes à l'arrière-ban et à la contribution d'icelui, et, ensuite, nous envoyer les états, certifiez d'eux, des dites déclarations pour connoitre le nombre de ceux qui seront en état de servir, ordonner et régler ce que nous estimerons raisonnables sur les taxes qu'il conviendra prononcer et juger contre les défaillans et ceux hors d'état de

---

(1) Archives départementales de la Seine-Inférieure ; *Don fait par la famille Quesné-Prieur*.

(2) Affiche imprimée, format gr. in-folio, ornée en tête des armes de France.

servir par eux mêmes, et pourvoir à ceux qui ayant la volonté de servir se trouvent dans l'impuissance de le pouvoir faire s'ils ne reçoivent quelque secours et assistance, et ordonnons à tous les gentishommes de se rendre, dans le dernier de ce mois, dans leurs mêmes quartiers où ils étaient l'année dernière, auxquels lieux ils seront reçus et attendront nos ordres, et pour cet effet nous donneront avis de leur arrivée dans les dits quartiers et sera la présente lûe publiée et affichée partout où besoin sera et exécutée en tout son contenu sur les peines portées par les règlemens et ceux que sa Majesté ordonnera.

Fait à Rouen, ce neuvième may 1703.

Signé : BEUVRON.

Pour Monseigneur
(Signé) LE FRÈRE.

Voici quelles étaient ces formalités de publication, d'affichage et de lecture auxquelles il est fait allusion dans cette ordonnance et par lesquelles on faisait parvenir à la connaissance des intéressés les convocations pour l'arrière ban : (1)

Les lettres du roi, et les ordonnances qui en étaient la conséquence, étaient d'abord enregistrées au greffe du baillage, sur la requisition du procureur du roi. On les envoyait ensuite au siège des diverses vicomtés qui formaient les subdivisions du baillage ; elles y étaient pareillement lues, publiées et affichées. Le vicomte les distribuait aux sergents pour en faire lecture aux bourgs et marchés de leurs sergenteries. Ces sergents en remettaient des copies aux curés des diverses paroisses de la sergenterie, et ceux-ci en donnaient lecture au prône des grandes messes paroissiales. Les sergents devaient dresser procès-verbal de l'accomplissement de ces formalités, et les vicomtes et curés envoyaient, eux aussi, un certificat constatant qu'ils avaient rempli les diverses obligations qui leur étaient imposées. — Enfin, d'un autre côté, pour contrôler les déclarations que devaient faire les intéressés, les curés étaient tenus de dresser et d'envoyer au lieutenant du baillage la liste des gentilshommes et gens vivant noblement et demeurant dans leurs paroisses, ensemble des fiefs et arrière-fiefs qui y sont situés, liste qui était signée

(1) Copie informe de l'enregistrement au baillage de Rouen des lettres de convocation de l'arrière-ban en 1689.

par le curé, le trésorier en charge et les collecteurs de la paroisse.

A l'aide de ce double ordre de documents : déclarations passées par les gentilshommes et états dressés par les curés, le lieutenant général du baillage devait former un rôle complet de tous les gentilshommes et possédant fiefs du baillage, sans y omettre les inhabiles, les exempts et les défaillants.

L'ordonnance du marquis de Beuvron indique clairement quel était le but de cet état. Il servait :

1° A arrêter la liste des gentilshommes qui devaient le service effectif;

2° A apprécier les excuses des exempts :

3° A taxer les défaillants ou les incapables de servir ;

4° A connaître ceux qui, pour servir, avaient besoin d'être aidés par des secours pécuniaires.

Ce premier état, ce relevé général de tous les nobles et de tous les possesseurs de fiefs manque pour les élections de Bernay et de Lisieux. Plus heureuse, une autre région du département de l'Eure, le baillage de Gisors nous offre encore aujourd'hui cet état qui avait été fort soigneusement dressé. La plupart des nobles sont inscrits avec les déclarations passées par eux relativement à leur âge, à leur état de fortune et de famille.

Si nous avions encore un semblable document pour les élections de Bernay et de Lisieux, sans doute, il nous fournirait les mêmes données que pour le baillage de Gisors : savoir beaucoup de nobles au service du roi, beaucoup d'autres peu accommodés des biens de la fortune, prêts néanmoins à servir dans l'arrière-ban, demandant seulement qu'on voulût bien leur donner un secours pour les aider à se mettre en état. Plus d'un aura dû déclarer, comme le sieur de Sebouville, seigneur des Marais, comme Georges Sublet, seigneur des Noyers, *avoir deux enfants au service et être disposés à donner un gentilhomme pour servir à leur place*; d'autres auront pu dire, comme le sieur Anfrie, écuyer, seigneur de Fontenay et de Chaulieu, qu'ils avaient eu *deux enfants tués au service et en avaient deux autres servant actuellement*; d'autres enfin auront dû avoir le même zèle que le sieur de Beauvais, écuyer sieur du Roule qui *avait six enfants, sa femme malade, peu de bien, était estropié d'une main, servit néanmoins l'année dernière et servira encore celle-ci.*

A défaut de cet état général les Archives départementales de l'Eure conservent encore le résultat de la sélection qui a été faite dans l'ensemble de la noblesse. Ce sont,

Pour l'élection de Bernay:

Le rôle de la revue passée à Dieppe, le 16 mai 1693, contenant 76 noms;

Le rôle de la revue passée au Bourgdun, le 5 juillet 1694, 35 noms avec indication du domicile de chaque noble;

Revue passée au Bourgdun, 23 juin 1702, 34 noms;

Revue passée sur la plaine du Til près Dieppe, 25 juin 1703, 47 noms;

Rôle de l'arrière-ban dressé le 25 juin 1704, avec indication de domicile.

Pour l'élection de Lisieux,

Rôles des revues passées:

A Dieppe, le 7 mai 1693;

A Dieppe encore, le 26 juin 1696, avec indication de domicile;

Au Bourgdun, le 23 juin 1702, avec indication de domicile;

Dans la plaine du Til, les 23 et 25 juin 1703. — Mais pour cette année on possède aussi une liste préliminaire intitulée: « Estat des gentilshommes que nous croyons pouvoir rendre le service de l'arrière-ban en exécution des ordonnances de M. le Marquis de Beuvron du 9 mai 1703 », contenant 86 noms, avec indication du domicile de chaque gentilhomme, arrêté à Evreux, par le lieutenant-général civil, et l'avocat du roi au baillage et siège présidial d'Evreux, le 2 juin 1703.

C'est à même ce premier tri que furent pris les 69 gentilshommes passés en revue au Til les 23 et 25 du même mois.

Vieilles familles ou noms plus récents, riches seigneurs et gentilshommes dans une situation très modeste s'y trouvent côte à côte. Beaucoup de ces familles habitaient depuis longtemps le pays ; plusieurs sans doute y tiennent encore aujourd'hui un rang distingué, comme celle du sieur de Bonnechose de la Boullaie, parti en 1703 de son château de la Boulaye, où elle était déjà établie dès le temps de Charles-le-Mauvais, et qui a acquis récemment un nouveau lustre en donnant à l'église un cardinal qui fut une des illustrations de l'épiscopat Français. Dans un tout autre ordre d'idée, revêtu celui-là d'une peu enviable célébrité, on y lit le nom du futur mari de la fameuse marquise de Prie..... Mais c'est affaire à chacun d'y chercher les noms qui peuvent l'intéresser à des points de vue différents.

Ce n'était point, au surplus, une chose bien aisée que de trouver un certain nombre de gentilshommes propres à faire ce service pénible et onéreux de l'arrière-ban.

Pourquoi ? — Une très curieuse *Relation de la cour de France en 1690* adressée à son maître par Ezéchiel Spanheim, chargé d'affaires de l'électeur de Brandebourg, en déduit parfaitement les raisons dans un curieux passage qui dénote dans cet envoyé « impartial, consciencieux et exact » une observation intelligente et une étude minutieuse et approfondie de l'état de notre pays.

Au sujet de l'arrière ban qu'il classe, avec les milices, parmi les *Forces extraordinaires* de la France, il s'exprime en ces termes :

« Quant au ban et arrière-ban, on sait assez qu'il se dit de la convocation de la noblesse française pour aller à la guerre là où le roi la destine, qui était plus en usage en France dans les siècles passés que dans celui-ci

»..... D'ailleurs, on ne vit (dans la dernière guerre) aucun effet considérable de ce ban et arrière-ban, dont même une partie fut fort maltraitée par les troupes lorraines et le baron

Mercy qui les commandait. Il y a quelque lieu de croire que le corps qu'on en pourra faire présentement en France ne sera pas non plus fort redoutable, partie parce que la noblesse guerrière et propre à porter les armes se trouve déjà la plupart dans les emplois militaires et dans les troupes, partie vu que celle qui reste au logis n'y est guère propre, ou par l'âge, ou par les infirmités, ou par le méchant état où elle se trouve, à soutenir les frais ou les fatigues d'une campagne. Aussi y a-t-il lieu de croire qu'on ne s'en servira que pour le dedans du royaume et que pour la défense des côtes où ladite noblesse se trouve située, et où encore on aura beaucoup d'égard à ne s'y fier pas aux nouveaux convertis d'entre la noblesse au moins à la plus grande part. » (1)

Oui, tout cela est parfaitement exact : « La noblesse guerrière et propre à partir se trouvait dans les emplois militaires et dans les troupes. » Interrogez l'Etat général de la noblesse du baillage de Gisors, vous verrez combien Spanheim était merveilleusement informé sur ce point. Quant à l'autre point, au sujet du méchant état de fortune où se trouve une partie des nobles, consultez toujours le même *Etat général*... ou encore lisez les deux requêtes suivantes, présentées au marquis de Beuvron par deux gentilshommes demeurant l'un dans l'élection de Lisieux, l'autre dans l'élection de Bernay, vous verrez comment les nobles campagnards comprenaient leur devoir même quand ils étaient réduits à la pauvreté :

Monseigneur le Marquis de Beuvron, chevalier des ordres du roy, lieutenant général de ses armées et au gouvernement de Normandie,

Supplie humblement François Le Hantier, escuier de la paroisse de Croisilles, élection de Lisieux, et vous remonstre qu'il s'est rendu ponctuellement à vos ordres en cette ville de Dieppe le 15 du mois de May, quoique le plus éloigné distant de 35 lieues et le moins en estat de servir n'ayant pour tout revenu en roture que deux cents l. de rente, ainsi qu'il a justifié à M. de Langlade duquel il a retiré acte signé de luy et de MM. les gens du

(1) *Relation de la cour de France en 1690* par Ezechiel Spanheim, société de l'Histoire de France, 1882, 1 vol. in-8, p. 324.

roy, et a sept grands enfans à nourrir et eslevé dont il a cinq garçons, le plus jeune ayant dix-neuf ans lequel, avec un des autres, ont cherché pourqui servir, pendant lequel temps le dit suppliant est toujours demeuré en son cartier d'Ouville où estant n'ayant plus de quoi pouvoir subsister, à ces causes, il vous plaise, monseigneur, le décharger du reste du service de l'arrière-ban, ou bien vouloir lui accorder un aide et vous feres justice et charité.

Présenté à Dieppe ce (*sic*) aoust 1702.

(Signé) LEHANTIER.

Un autre écrivait :

A M. le Marquis de Beuvron, chevalier des ordres du roi, lieutenant général des armées du roi, son lieutenant général en son gouvernement de Normandie.

François de Nollent, écuyer, seigneur de Canatteville (*sic*) demeurant en la paroisse de Gouffrière (*sic*) élection de Bernay, vous remonstre que n'ayant point assez de bien pour faire le service de l'arrière-ban entièrement, il vous plaise accorder au suppliant que le service qu'il a fait et fait actuellement depuis le 15 juillet dernier soit compté pour lui et le sieur de Canatteville, son frère aisné de l'élection de Lisieux.

Présenté ce 27 juillet 1702.

Si les familles de ces gentilshommes existent encore, elles ne devraient pas rougir de ces lettres ; loin de là, j'estime qu'elles pourraient s'en faire un titre d'honneur.

De même, la lettre suivante écrite du camp d'Ouville près Dieppe au Secrétaire du Marquis de Beuvron par le commandant de l'escadron des gentilshommes de Lisieux, a le double intérêt d'attester la sollicitude du gouvernement pour la noblesse pauvre et de démontrer le bon vouloir dont parfois cette noblesse était mieux pourvue que d'argent. J'en reproduis scrupuleusement l'orthographe plus que fantaisiste; mais avant d'en juger trop sévèrement l'instruction du signataire, il faut se rappeler que plus d'un de ses contemporains, même parmi les lettrés, n'écrivait pas plus correctement.

Monsieur, Monsieur le Frère segrelaire de Monsieur le Marquis de Beuvron à Dieppe.

Voilà, Monsieur à peu prés les jantishomme qui paresse faire plus que puissance et qui ont toujours servi depuis le commensement et qui asurément mérite quelque gratification suposé que lon en accorde. Vous voules bien que je vous assure que je suis de plus en plus, Monsieur, votre très humble et très obéissant serviteur.

A Ouville-la-Rivière, ce 24 Juillet 1702.

GASSART. (1)

La déclaration de 1635 sur le ban et l'arrière-ban ordonne que le service se fera pour tous en une seule forme qui est de cheval léger. Le cheval léger, dit le père Daniel dans son *Histoire de la Milice Française* (2), est armé de sabre ou épée d'uniforme et de pistolets. L'habit d'ordonnance est écarlate galonné d'or avec quelque argent mêlé pour distinguer les chevau-légers des gendarmes qui ont tous les galons d'or. Il n'y a point d'uniforme pour la couleur des chevaux, mais il y en a pour les fourreaux de pistolets et pour les housses. Chaque chevau-léger devait avoir deux chevaux à monter.

Mais la levée du ban et de l'arrière-ban n'est plus alors uniquement une convocation militaire, c'est en même temps une mesure fiscale.

Ceux des possesseurs de fiefs qui ne peuvent faire le service effectif sont taxés à une certaine somme d'argent. Les veuves doivent pareillement payer une contribution pécuniaire.

On sait que Mme de Sévigné, taxée pour son fief de Bourbilly, écrivait (13 mai 1680) à son cousin Bussy-Rabutin : « Je dis que j'ai donné le fonds de ma terre de Bourbilly à » ma fille en la mariant ; on me tourmente pour l'usufruit, » je vous demande pardon, mon cher cousin, mais je me » jetterai dans la bourgeoisie de Paris. » Et, en effet, par suite d'une inégalité injustifiable, d'un privilège à rebours du bons sens, les bourgeois de Paris étaient exempts du service de l'arrière-ban.

---

(1) Sur une feuille jointe sont portés les noms de six nobles de l'élection de Lisieux.

(2) T. II, p. 207-209.

Il y a plus, dans un questionnaire adressé au marquis de Beuvron par M. de Langlade, lieutenant du baillage d'Evreux et portant en marge les réponses du marquis de Beuvron, en date du 2 juillet 1702 je lis entre autres les questions et les réponses suivantes :

Scavoir si les veufves des officiers tués à l'armée doivent contribuer ou faire faire le service ? — le marquis de Beuvron répond : « Comme (ce) sont les fiefs qui doivent le service, les veufves n'en sont point exemptes. — Scavoir si les officiers du parlement et autres juridictions doivent contribuer ? — Réponse : « les officiers du parlement et autres servant actuellement le roy dans leurs charges ont jouy ce me semble, jusqu'à présent de l'exemption (1).

Ainsi la veuve de l'officier qui a donné sa vie pour son roi paye l'impôt, et l'homme de robe qui n'a rien donné ne paye rien. Vraiment saint Simon ne trouverait-il pas là matière à une de ces belles colères et à une de ces indignations superbes contre l'influence des gens de robe ?

Sur ce point des impôts que payaient les nobles, je signalerai aux curieux d'histoire locale un autre document provenant aussi du Chartier du Château du Champ-de-Bataille, le *Rôle de la répartition de la capitation de la noblesse de l'élection de Bernay faite pour l'année prochaine 1702, en exécution de la déclaration du roy du 12 de mars dernier par nous Anne Pinon, chevalier seigneur vicomte de Quincey, conseiller du roi en ses conseils, maître des requêtes ordinaire de son hôtel, intendant de justice police et finances en la province de Normandie, généralité d'Alençon, et par le sieur de Glatigny, commis à cet effet par sa Majesté.*

Il a été arrêté à la somme totale de 10,880 l. y compris les 8 den. pour livre de remise, tant pour le receveur particulier que pour le receveur général.

(1) Archives départementales de la Seine-Inférieure ; *Don fait par la famille Quesné-Prieur.*

Il contient 237 cotes, réparties dans 87 paroisses.

Somme toute, subissant, comme toutes choses, les lois d'évolution et de transformation auxquelles sont soumises toutes les institutions, le ban et l'arrière-ban, avaient bien perdu de leur importance depuis l'institution des armées permanentes et des compagnies d'ordonnance qui retenaient sous les armes la plus vigoureuse partie de la noblesse. L'institution elle-même, dont l'importance se trouvait ainsi diminuée par la force des choses et la marche des évènements, était en outre en butte aux attaques des novateurs et des faiseurs de systèmes. Le marquis de Beuvron, à la fin du curieux rapport dont j'ai déjà cité un passage, s'exprimait ainsi au sujet de l'arrière-ban dont il proposait la suppression. Après avoir fait valoir les avantages des Milices et des Capitaineries garde-côtes et s'être décerné des éloges sur la manière dont il les avait organisées, il continuait :

Sy avec cela l'on voulait convertir l'arrière-ban de la généralité de Rouen en mille ou douze cens chevaux qui peuvent se lever aizément dans les mêmes villages qui composent les 9 régimens et les 12 capitaineries garde-costes tels que sont les 500 dragons établis dans le gouvernement du Hâvre, il ne sera pas bezoin d'autres troupes pour garder les costes de ce département et empescher que l'ennemi n'y puisse rien entreprendre.

Les gentilshommes qui composent l'arrière-ban de la généralité de Rouen sont de très honnostes gens chacun en leur particullier ; mais lors qu'ils sont obligez d'estre en escadron personne ne veut obeyr et à peyne en trouve-t-on qui veuillent commander ; on peut citer plusieurs occasions où bien loing d'estre utilles pour le bien du service ils n'ont causé que de l'épouvante et de la confusion ; c'est mesme ce qui est arrivé au bombardement de Dieppe. Ils ne sortent point de chez eux qu'avec beaucoup de frais et toujours dans un temps où leurs affaires domestiques ont bien bezoin de leur présence ; les plus aizés et les plus qualifiés viennent rarement dans les quartiers où ils ont ordre de se rendre et quant ils font tant que d'y venir pour passer une fois la revue devant le général, ils ne veullent jamais se mettre en escadron ny pour le commander ny pour y obéir.

Se (*sic*) service étant beaucoup plus à charge à la province qu'utille il serait bien plus à propos de les laisser chez eux.

Mais, dans cette circonstance, le marquis de Beuvron n'est pas un juge impartial et désintéressé, c'est un faiseur de projets, un donneur d'avis, un homme qui a son plan de réforme, rien de bon ne peut avoir existé avant lui. Il ne faut peut-être pas prendre au pied de la lettre son appréciation un peu chagrine. Les rôles des revues passées par le marquis de Beuvron en personne prouvent à eux seuls, que, quoiqu'il en pût dire, les nobles de Normandie consentaient bien à se mettre et à rester en escadron. Il y aurait pareillement beaucoup à rabattre des jugements, sévères comme celui du P. Daniel dans son *Histoire de la Milice Française*, ou hostiles comme celui de M. Rousset dans son *Histoire de Louvois* (1). D'autre part, en effet, un auteur qui, lui aussi, a étudié l'arrière-ban d'après les pièces du dépôt de la guerre en a dit : « Si ce corps ne valait pas la cavalerie de l'armée permanente, si il n'avait pas, sur le champ de bataille, toute la solidité des escadrons accoutumés à combattre et à manœuvrer ensemble, ce n'était pas non plus une troupe à dédaigner et une réserve sans valeur. Les gouverneurs de province et les commissaires du roi avaient une grande latitude dans le choix des hommes. La valeur du corps dépendait donc de leur intelligence dans l'exécution des ordres du roi. En 1689, ils retinrent pour le service des gentilshommes d'un courage éprouvé et presque tous anciens officiers de l'armée. C'est ce que constatent en particulier pour la Normandie plusieurs lettres de M. de Matignon aux archives du dépôt de la guerre. » (2)

Ces nobles de province dont nous voyons encore autour de nous les habitations, grandioses et somptueuses demeures parfois, mais bien plus souvent humbles manoirs ou modestes gentilhommières, c'était l'élite de la France militaire d'autrefois. M. Taine leur a rendu justice dans une belle page

(1) T. II, p. 97-101.

(2) P. F. Lebeurier, *Rôle des taxes de l'arrière-ban du baillage d'Evreux*, dans le recueil des travaux de la Société d'Agriculture de l'Eure, 3e série ; t. VI. Evreux, in-8, 1859, p. [illegible].

de son ouvrage sur les origines de la France contemporaine (1).

Tout dernièrement M. Albert Duruy dans son *Etude sur l'armée royale en 1789*, écrite pour la *Revue des Deux-Mondes* traçait d'eux un superbe éloge lorsqu'il représentait «.....la pauvre petite noblesse de province qui fournit modestement à l'armée son contingent héréditaire, qui donne au roi sans compter le meilleur de soi-même ; sa mâle et forte progéniture, ses gars les plus solides et les mieux trempés, de vrais lurons, destinés, dès le ventre de leur mère, au service, élevés dans cette idée, n'en concevant ni n'en pouvant imaginer d'autre, et préludant à leur futur métier par la rude existence du gentilhomme campagnard. A dix ans, avant même de leur mettre un livre entre les mains on leur a déjà mis un cheval entre les jambes. A douze ou treize ans, pour achever leur éducation physique et leur donner quelque teinture de science, le père les conduit à l'école militaire ; au besoin il vendrait pour en payer les frais son dernier moulin. Ainsi faisait déjà l'aïeul, ainsi fera le petit-fils et ainsi de suite et vive le roi !

» Ainsi s'est formée et perpétuée sur toute la surface du sol une race de forts et de braves nés pour la guerre, naturellement aptes à la faire. Une longue sélection les a doués pour l'action, taillés pour la lutte : .....Un peu vains, un peu glorieux, raides, portant beau, formant une caste à part et fiers d'y appartenir, méprisant tout ce qui n'est pas d'épée, querelleurs, amoureux, comme tout coq bien né, mais avec cela si brillants, d'une si chaude et si chevaleresque bravoure, aimant et faisant si bien leur métier, trouvant si naturel de donner leur vie pour la gloire assaisonnée d'un morceau de pain, de si bons coqs de combat, enfin, de vieille et pure race française qu'on ne peut s'empêcher de les admirer et

(1) T. III, p. 406.

de saluer en eux plusieurs siècles de dévouement et d'héroïsme (1). »

Tandis que la meilleure partie de cette noblesse servait à former d'excellents cadres d'officiers dans les grades inférieurs, à même ce qui restait, parmi les gentilshommes cultivateurs, parmi les anciens officiers retirés du service, à même les familles les plus déshéritées des biens de la fortune, on trouvait encore, aux jours des revers, aux moments critiques, de quoi former un corps de réserve qui s'en allait, comme les gentilshommes de l'élection de Bernay, au moment où les travaux de la vie rurale rendaient leur présence chez eux le plus nécessaire, camper à trente ou trente-cinq lieues, en pays inconnu d'eux, à leurs frais, dépensant pour eux et pour leur cheval, laissant leurs affaires en souffrance, ne marchandant ni leur temps, ni leur fatigue, ni leur argent, prêts, s'il l'eût fallu, à donner aussi leur vie.

Leur bonne volonté, qui en douterait? Elle est plus grande que leurs ressources. Il y a une foule de fils de famille ou de cadets pauvres prêts à servir dans l'arrière-ban à la place de qui voudra les équiper. Une lettre des archives du *Dépôt de la guerre*, de 1689, constate qu'alors plusieurs gentilshommes de qualité de Bretagne se plaignaient qu'on leur eût *ôté leurs aides*, c'est-à-dire la faculté qu'avaient les bourgeois des villes, propriétaires de terres nobles, de payer de pauvres gentilshommes pour servir à leur place (2).

On se rappelle aussi la lettre que je viens de citer dans laquelle un gentilhomme de l'élection de Lisieux expose au marquis de Beuvron que deux de ses fils âgés de dix-neuf et vingt ans ont en vain cherché pour qui servir. Telle fut, aussi rapidement esquissée qu'il est possible, une des mesures prises, de concert avec la levée des *Milices* et des

---

(1) Livraison du 15 août 1887, p. 899-900.

(2) Abbé P. F. Lebeurier, op. cit.; p. 276.

Capitaineries, contre le danger d'une descente des ennemis en Haute-Normandie à la fin du règne de Louis XIV.

Mesures, dépenses et déplacements inutiles... Peut-être, si toutefois les forces qui empêchent l'ennemi d'attaquer une place sont des forces perdues ? Mais à la vue de tous ces préparatifs, de cette organisation solide relativement au temps et aux circonstances, qui appelait sur les côtes Normandes près de 18,000 hommes de pied et une dizaine d'escadrons de gentilshommes à cheval, on se prend à penser comme M. Albert Duruy dans l'*Etude sur l'armée* dont je rappelais tout à l'heure un passage. Après s'être représenté lui-même, vivant longtemps, par le travail et par la pensée, de la vie militaire d'autrefois, il ajoute : « Je ne m'en plains pas ; car à cette longue communion de tout mon être avec l'ancien régime, sans compter la joie de vivre quelque temps d'une vie moins terne et moins plate que la nôtre et de changer de contemporains, j'aurai du moins gagné de me sentir un peu plus Français qu'auparavant. Les démocrates auront beau dire ; on n'aime vraiment son pays qu'à condition de l'aimer tout entier, sous tous les régimes, et dans la bonne comme dans la mauvaise fortune ! »

www.ingramcontent.com/pod-product-compliance
Lightning Source LLC
LaVergne TN
LVHW020455230826
846091LV00008BA/3220

* 9 7 8 2 0 1 9 2 1 5 4 2 2 *